Autismo... ¿qué es eso?

Ymkje Wideman-van der Laan
Ilustración: Rob Feldman
Traducción: Gabriel García Valdivieso

Derechos de autor © 2012 Ymkje Wideman-van der Laan
Reservados todos los derechos. Diseñado: Awexdesign
ISBN-10: 1508779686
ISBN-13: 978-1508779681

Para Logan, que un día preguntó: «Autismo… ¿qué es eso?»

Cierto día...
mientras hablaba con una amiga,
oí a mi abuelita decirle
que autismo era lo que yo tenía
y que yo era un chiquillo increíble.

Siguió hablando y la oí decir otra vez
esa misteriosa palabra que es autismo.
Le pregunté a mi abuela qué podía ser.
Me contestó que era parte de mí mismo.

La tomé de la manga y se agachó.
Me preguntó: «¿Por qué haces ese gesto?»
Algo no estaba bien, ella sabía que no,
cuando grité: «Autismo… ¿qué es eso?»

Sonrió y me dijo: «No te molestes
ni armes revuelo.»
Esta noche antes que te acuestes
el misterio te revelo.
                    Me dijo lo siguiente:

Tienes una mente y un seso
más veloces que un tren expreso.

Le ordena a tu cuerpo que se agite,

que gires,

 que saltes,

y que grites.

Te diviertes andando rápido,
corres y corres con mucho ánimo.

El cerebro te manda señales al oído,
y oyes hasta el más pequeño ruido.

Tus ojos ven más de lo que veo yo.
No se pierden ni una abeja ni un pulgón.

Tu cerebro lee todo con avidez
y recuerda palabras como ciempiés.

Quiere aprender y estar al tanto.
Por eso andas siempre explorando.

A veces te cansas un poquito,
pues tu cerebro hizo cortocircuito...

...por todo lo que viste, hiciste y oíste
y todo lo que saltaste y corriste.

A lo mejor empiezas a dar vueltas,

y en el suelo te acuestas

o pegas un grito en protesta.

De esa manera me haces saber
que buscas amparo y quien te pueda acoger.

Tu cerebro no funciona igual
que el de tus amigos, pero no está mal.

Todos los niños son diferentes,
y así eres tú particularmente.

No hay nada raro: lo sabes tú mismo;
pues no es otra cosa que autismo.

ogan dibujó 10 abejitas y las escondió en las páginas de este libro. ¿Las quieres buscar?

Sobre el autor

Ymkje Wideman-van der Laan es escritora y correctora. En 2006 asumió el cuidado de su nieto Logan, de 6 meses de edad. Desde temprana edad el niño mostró señales de autismo, diagnóstico que se oficializó en 2009. Desde entonces ella ha sido su defensora y se ha dedicado apasionadamente a crear conciencia sobre el autismo. Logan es la fuerza inspiradora detrás *Autismo... ¿qué es eso?* y otros libros infantiles que escribió para su nieto. Si deseas mayor información sobre Ymkje y sus libros, dirígete a www.ymkje.com y www.autism-is.com.

Nota a los padres y cuidadores

El autismo es un espectro de trastornos caracterizados por un déficit del desarrollo que afecta aproximadamente a 1 de cada 68 niños (1 de cada 42 varones y 1 de cada 189 niñas) en los EE.UU. Se habla de espectro, porque su impacto sobre el desarrollo puede oscilar entre leve y severo. Los aspectos del desarrollo que resultan más afectados son la interacción afectiva con las personas, las aptitudes de comunicación, el contacto verbal y no verbal y el juego libre.

Alguien dijo sabiamente: «Si has conocido a una persona con autismo, has conocido a una persona con autismo». Las características difieren y son singulares a cada individuo; asimismo el modo de interactuar con él, de enseñarle y de atenderlo.

Quizá desees, quizá no desees explicarle el autismo a tu hijo a una edad precoz. Si decides hacerlo, espero que el presente libro te facilite la tarea, como me facilitó a mí hablarle del autismo a Logan. Su mente inquisitiva quería averiguar, y una vez que leyó este cuento, antes aún de terminadas las ilustraciones, quedó contento con las respuesta.

La autora

CPSIA information can be obtained at www.ICGtesting.com
Printed in the USA
LVIW01n1727160516
488491LV00009B/25